ZERRSPIEGEL

Gedichte

Christian Alois Kolbenschlag

zerr-
spiegel

insideout-g.dichte der depression

Verlag: BoD · Books on Demand GmbH,
In de Tarpen 42, 22848 Norderstedt,
bod@bod.de
Druck: Libri Plureos GmbH, Friedensallee 273,
22763 Hamburg
ISBN: 978-3-7693-2850-9

Meiner Frau gewidmet...

Zerrspiegel verzerren in der Innenschau eine fragwürdige Realität und spiegeln die Zerrissenheit des Betrachters nach außen wider. Trotzdem gewähren Sie eine Möglichkeit zur Erkenntnis der Wahrheit und geben, bei aller Verzerrung der Welt, einen Ausblick auf Hoffnung.

Christian Alois Kolbenschlag, geb. 1969, Dr. med., Arzt, Künstler, Gesellschaftskritiker und vor allem Mensch, schreibt über die Tiefgründe und Abgründe des Menschseins und den Sinn allen Seins an sich.

INHALTSVERZEICHNIS

...Als der Kaiser in den Spiegel starrte, wurde sein Gesicht erst ein blutig roter Flecken und dann ein Totenschädel, von dem Schleim herabtropfte. Der Kaiser wandte sein Gesicht entsetzt ab. „Eure Hoheit", sagte Shenkua, „wendet Euer Gesicht nicht ab. Ihr habt nur den Anfang und das Ende Eures Lebens gesehen. Schaut weiter in den Spiegel und Ihr werdet alles sehen, was ist und was sein kann. Und wenn Ihr den höchsten Grad des Entzückens erreicht habt, wird Euch der Spiegel selbst solche Dinge zeigen, die nicht existieren können..."

Chin Nung: *Alles über Spiegel*

Abhängigkeit

Wenn irgendein Gott
der Allmächtige sagt:

„Spring von der Brücke!"

...

ist es schon sinnvoll,
von der Brücke
zu springen.

Es ist nicht
notwendig,
„I Ah!"
dabei zu sagen.

25.05.2007

Abhängigkeit

Absolutismus

Un roi une fois une loie!

Das bist Du
Unbestreitbar.

L`etat, c`est moi!

Es ist nichts Besonderes,
darunter zu leiden...

aber:

Ich habe Zeit,

zu warten,

was passiert,
wenn Du das Scheißhaus
(das nur Dir allein gehört)
allein nicht mehr besetzen kannst.

30.08.2007

Adaptation

Lieber Gott!

...Gebe mir...
ein dickeres Fell,
damit ich den Frost
meiner Umgebung
besser ertragen kann.

...Gebe mir...
einen Mantel aus Stahl,
damit ich unangreifbar werde.

...Nehme mir...
mein eisernes Schwert,
damit ich mich nie mehr
verteidigen muss.

Und...

Raube mir den Verstand,
damit ich niemals mehr
darüber nachdenken muss.

06.07.2007

Anfangen

anfangen.

an-
fangen.

an-fang-en!
an-fang-en!
an-fangen. anfang-en. an-fang-en.
an-fang-en. an-fang-en! an-fang an!
fang an! fang an! fang an! fang an!
fang an! fang an! am anfang, am
anfang, am anfang, fang an am
anfang, fang an am anfang, fang
an am anfang, am anfangen am
anfangen am anfangen am anfang
anfangen am anfang anfangen am
anfang anfangen am anfang an am
anfang an am anfang an fang an am
anfang an fang an am anfang an fang
an am anfang an fang an am anfangen
anfangenanfangenanfangenanfangena
nfangenanfangenanfangenfangenfange
ngefangengefangengefangengefangen.
Stop!

17.06.2007

Auszeit

tick-tick-tick-tick-tick
tick-tick-tick-tick-tick
tick-tick-tick-tick-tick
tick-tick-tick-tick-tick
tick-tick-tick-tick-tick
tick-tick-tick-tick-tick
tick-tick-tick-tick-tick
tick-tick-tick-tick-tick
tick-tick-tick-tick-tick
tick-tick-tick-tick-tick
tick-tick-tick-tick-tick
tick-tick-tick-tick. Aus!

Zeit.

16.09.2007

Berühmt

ICHHHHHHHHHHHHH.......*(morendo)*

...

habe die Oberfläche nicht erfunden.

Jetzt.
Jeder.
Jederzeit.
Alle.

„Weißt Du noch?"
Damals.
Du. Und.
ICHHHHHHH.......*(crescendo)*.......

(Nein.)
ICHHHHHHHHHHHHH.......*(morendo)*......
Weiß nicht (**mehr**)...(nicht mehr)
...(nicht mehr)...(nicht mehr)...

...

Aber:

Trotzdem
erinnert sich ich.

17.06.2007

Bildwandel

Liebe,
aus der Hass entsteht,
Jugend,
die sehr bald vergeht,
ein Dreieck
sich im Kreise dreht.

Das Schöne
wird zur Hässlichkeit.
Macht,
wo einst Bescheidenheit,
zeigt
deutlich die Verlogenheit.

Dunkel
wo einst Sonnenstrahl,
Geborgenheit
wird kalter Stahl.
Das Leben -
nur noch Höllenqual.

17.07.2007

16

Blut.leer

Wie...

ein ausgeklemmtes Blutgefäß,
aufgeschnitten und desobliteriert,
dünnwandig.

Warten auf Reperfusion.

17.05.2007

Chromatik

Ein Lächeln,
ein alleiniges Lächeln,
nur
ein einziges Lächeln.

...

wertvoller

...

als ein Lotteriegewinn.

13.05.2007

Der Zweifel

Zwillingsbruder,
zweites Ich,
innerste aller Stimmen.

Gedanke zum Tag –
Morgenandacht,
Nachtgebet,

Formel,
nach der die
Welt sich dreht.

Vom Staub
bis hin zum Staub
ständiger Begleiter.

Lokalisiert:
auf dem kurzen Arm von Chromosom
13
oder
auf dem langen Arm von Chromosom
21
oder
auf irgendeinen anderen Arm
genommen.

Nur:

abstreiten
lässt sich Deine Existenz nicht.

22.05.2007

Nur:

Destination

Ich ticke,

ticke ticke ticke ticke
tok . tok .
ticke . . .
. . . tok . . . (*...ritardando...*)

nicht richtig.

Ein Rädchen,
das nicht funktioniert.

In diesem
ausgeleierten Uhrwerk,
das sich Zeit nennt.

31.05.2007

Dichtung & Wahrheit

Das Gedicht
...
sucht nicht den Superstar.

Das Gedicht
wird auch nicht
Millionär.

Aber!!!

Das Gedicht erzieht:

Nicht die andere Seite hinzuhalten,
wenn Dir jemand
auf die Wange schlägt.

04.07.2007

Enduring freedom

Es gibt Menschen,
die sind.

Jederzeit, immer und überall.

Voller Gedanken.

Die Gedanken sind frei.

Jederzeit, immer und überall.

29.06.2007

Entglobalisierung

Die Welt ist
weder meine Vorstellung
noch
(und schon gar nicht)
mein Wille.

Die Welt ist
(zuallerletzt)
meine Empfindung.

Die Welt ist
(supersubjektiv)
ich selbst.

Das ist der Fall.

14.07.2007

Entschleunigung

(häufig)
unbenannt, da
(nahezu)
unbekannt, da
(meist)
unerkannt.

...doch...

täglich,
stündlich,
minütlich,
in jedem Augenblick
vollzieht sich der
Gegenlauf
der Weltrotation.

23.07.2007

Eternity Blues

Blues
because of
lost of light
dark so dark
eternal night

Blues
because of
lost of green
eternal life
has never been

Blues
because of
lost of red
white and pale
eternal death

Blues
because of
lost of blue
eternal tale
for me and you

29.05.2007

⚡ Filmriss ⚡

↓↓↓
➡ sein ⬅
↑↑↑

⇐ irgendwo irgendwie irgendwer ⇒

    ↓↓↓
    ➡ sein ⬅
    ↑↑↑

    wo?
    wiewas ➡ wo?
    woher auch immer wo
➡   irgendwo

    wie?
    wowas ➡ wie?
    wieso auch immer wie
➡   irgendwie

↓↓↓   ↑
➡ sein ⬅   ⬅ ist ➡
↑↑↑   ↓

⇐ irgendwer irgendwo irgendwie ⇒

13.08.2007

Friedenspflicht

Friedenspflicht!

Obwohl…

es zerrt, es drückt,
es beißt, es reißt,
es brennt, es kocht, es brodelt,
es schäumt, es quillt,
es dampft, es krampft
es pulsiert, es rüttelt, es schüttelt.
Obwohl kurz vor der Explosion…

sage ich es nicht.

19.07.2007

Halluzination

Werbung ist
die optimale Präsentation
der Welt.

Welt ist
die optimale Entlarvung
der Werbung.

Mensch ist,
wer auf beiden Augen
blind ist.

28.06.2007

Herzschmerzen

Trotz pulsatiler Kontraktilität...

Trotz regelmäßigem Herzschlag...

Trotz rhythmischer Kraft,
die den Takt
ein Leben lang bestimmt

...

kondensieren
Tränen am Endocard.

02.09.2007

Illusion

Wenn ein Mensch
einen anderen Menschen
gut behandelt

(weil
der andere etwas hat, was
der eine nicht besitzt),

kann

die gute Behandlung
auch nur
vorgetäuscht sein.

11.07.2007

Karma

Beseelt,
vom tiefsten Wunsch,
vom allertiefsten Verlangen,
fest entschlossen,
endlich auszubrechen,
schließt Du die Augen.

Und doch
packst Du am nächsten Morgen
Deine Tasche und steckst
Deine Schlüssel ein und rufst,
die Tür hinter Dir zuziehend:

Bis denn!

16.09.2007

Kontraproduktiv

Gedichte schreiben:

Zu denken,
was nicht zu sagen.

Zu sagen,
was nicht zu denken.

Trotz Konformismus
als Lebensauftrag.

18.06.2007

Kontraste

In einem Feld
aus Plastikmüll
wachsen am Wegesrand
Blumen.

Welcher Weg, wo kein Weg?

Tausende Maschinen
hasten vorüber.
Alltäglich.
In jedem Moment.

Und keiner beachtet
die Blumen am Wegesrand,
die in einem Feld
aus Plastikmüll
wachsen.

Trotzdem.

Wachsen in einem
Feld aus Plastikmüll
am Wegesrand
Blumen.

27.07.2007

Man is machine

(♩ ♩ ♩ ♩ -♫♪-♫♪-♫♪-♫♪)

ON-
dam-dam-dam-dam
d`-dch-d`-d`-dch-d`
d`-dch-d`-d`-dch-d`
live-live-live-live
d`-dch-d`-d`-dch-d`
d`-dch-d`-d`-dch-d`
work-work-work-work
d`-dch-d`-d`-dch-d`
d`-dch-d`-d`-dch-d`
obey-obey-obey-obey
d`-dch-d`-d`-dch-d`
d`-dch-d`-d`-dch-d`
reign-reign-reign-reign
d`-dch-d`-d`-dch-d`
d`-dch-d`-d`-dch-d`
punish-punish-punish-punish
d`-dch-d`-d`-dch-d`
d`-dch-d`-d`-dch-d`

hate-hate-hate-hate

d`-dch-d`-d`-dch-d`

d`-dch-d`-d`-dch-d`

die-die-die-die

d`-dch-d`-d`-dch-d`

d`-dch-d`-d`-dch-d`

*d`-dch-d`-d`-***OFF**

12.10.2007

Menschsein

-Ein Gesetz-

Ich...
werde immer
ein Teil
meines
Kugelschreibers sein.

Egal,
ob man
Hülle
oder
Seele
austauscht.

Ein Teil
wird immer
Ich
sein.

21.12.2008

Nonkonformismus

Im Leben stehen.

...zu wissen, was man vom Leben will.

Ich habe...

...meinen Grabstein noch
nicht ausgesucht...

...meinen Urlaub noch
nicht geplant...

...in der Fernsehzeitung auch noch
nicht angekreuzt,
was ich Sonntagabend
im Fernsehen anschauen werde.

Ich weiß noch nicht einmal,
was morgen auf den Tisch kommt.

Verständlicherweise unverständlich,
denn ich...
...stehe daneben.

12.10.2007

Nonkonformismus

Reden, nicht reden

Reden . nicht reden
. reden . .
. nicht reden .
. . . .
nicht nicht . .
. reden reden .
nicht reden reden reden
. . . .
reden reden reden .
nicht nicht nicht nicht
reden reden reden .
. . . .
nichtredennichtreden
redenredenredennicht
. . . .

18.05.2007

Reduktion

Was ...man...denkt!
Was ...man...fühlt!
Wie ...man...handelt!

Was ...wir...denken?
Wie ...wir...fühlen?
Wie ...wir...handeln?

Wie ...ich...denke...
Wie ...ich...fühle...
Wie ...ich...handle...

...

Am Ende
sind es doch nur

...

Biomoleküle?

06.08.2007

Relativität

Je
länger
man seinen Schatten
vorauswirft,

desto
schwerer
ist es, ihn zu
überspringen.

11.06.2007

Schreiben

Schreiben

ist
zu sagen,

was andere
nicht
denken.

03.05.2007

Schreiben

Seifenblasen

Heranwachsend.

Genährt durch den
Atem des Lebens
erfüllen sie unsere
Träume mit
Lebensfreude.

Und platzen.

Und sind doch...

Nichts.

22.07.2007

Sein oder nicht sein

Darum...

... musst Du Dich anpassen:
noch wachsen
      noch älter werden
            noch reifer werden
                  noch ruhiger werden

...

Warum...

...kann ich nicht sein, wie ich bin?

18.06.2007

Sein oder nicht sein

Sinnvolle Ergänzung

Mein Glas
ist immer
halbleer.

Dein Glas
ist immer
halbvoll.

Zusammen
haben wir immer
ein volles Glas.

21.06.2007 – Meiner Frau gewidmet

So und nicht anders

Darf ich,
obwohl ich es
nicht
gelernt habe,
- trotzdem musizieren?

Darf ich,
obwohl ich es
nicht
gelernt habe,
- trotzdem malen?

Darf ich,
obwohl ich es
nicht
gelernt habe,
- trotzdem schreiben?

Darf ich,
obwohl ich es
nicht
gelernt habe,
- trotzdem mitreden?

Darf ich,
obwohl ich es
nicht anders
gelernt habe,
- trotzdem einmal
nichtfunktionierenmüssen?

Darf ich,
obwohl ich es
anders
gelernt habe,
- trotzdem leben?

05.05.2007

Spiegelkanon

       Ich weiß, was ich will!
Will ich nicht, was ich weiß?   - oder

und -   Ich weiß nicht, was ich will!
Will ich, was ich nicht weiß?   - und

aber -   Ich weiß, was ich nicht will!
Will ich, was ich weiß?

01.07.2007

Stille

reden...........
(*...poco a poco estinguendo...*)
.....................leiser reden...........
..........kaum mehr hörbar reden.......
......nichts mehr reden....................
....nichts...

denken..............
(*...poco a poco perdendo...*)
....abnehmend denken.....................
....kaum mehr wahrnehmbar denken...
...........nichts mehr denken.............
....nichts...

empfinden......
(*...poco a poco meno sentito....*)
................reduziert empfinden.......
.....kaum mehr fühlbar empfinden.......
...........nichts mehr empfinden.........
.....................................nichts...

sich.................
(*...poco a poco morendo...*)
..........immer weniger:....sich......
...............kaum mehr:........sich.......
...................nicht mehr:.........sich........
......................................nichts...

09.08.2007

Suche

Weder...

im ersten Sonnenstrahl,
der Deinen Tag erhellt,

noch...

im Schatten der letzten Laterne,
die Deinen dunklen Weg beleuchtet,

noch...

unter dem allerletzten Stein,
den Du umdrehst,

...findest Du Dich selbst.

03.07.2007

Tautologie

Je

kräftiger, aufgeblasener, fetter
eine Marionette
erscheint,

desto

leichter, gewaltvoller
droht sie zu platzen.

Bei nur oberflächlichster Berührung mit
feinster Nadel.

24.05.2007

Tiefgründig

*...hinabgestiegen in das reich des
todes...*

hinabsteigen,
stufe um stufe

hinabsteigen,
stockwerk um stockwerk

hinabsteigen,
zeit um zeit

hinabsteigen,
zu durchforsten

dunkle räume

hinabsteigen,
auf der ewigen suche nach sich selbst

27.08.2007

Universelle Freiheit

Nur wer...

in Gegenwart des Papstes
„Teufel noch mal!"
sagen kann,

in Gegenwart der Queen
rülpsen und
furzen kann,

in Gegenwart seiner Vorgesetzten
„gefickt!"
denken kann,

...ist wirklich frei.

28.06.2007

untertänigst

Sage niemals   *ICH*
in Gegenwart eines
Anderen, der   *SICH*
für den Größten
hält.

Denn sage ich: *ICH*
und meine damit   *MICH*
und er nicht   *SICH,*

dann fühlt er   *SICHERLICH*
                             SICH

herabgesetzt.

09.08.2007

Vergangenheit, Gegenwart, Zukunft

            was
                         (nicht)
            war
(und)   (nicht)
            ist
(und)   (nicht)
            wird
(nicht)
            sein

01.09.2007

Verrant

Hast, hastig.
Hasten, mit Hast.

So weit.

...

Weiter.

- Wirklich weiter?
- Weiter!
- Wirklich?
- Weiter, weiter!

So weit.

...

Bis hierher und nicht weiter.

31.07.2007

Wellenlänge

Senden. Empfangen. Verstehen.

Signal.
(Rezeptor). (Transduktion).
Amplifikation.

Impuls. Resonanz.

...

Interferenz.

Konsonanzverweigerung.

Dissonanz...(Dissonanz)...(Dissonanz)...
(Dissonanz) ......*(morendo)*......

10.07.2007

Widmung

Das alles nur für Dich.
Du musst es ertragen.

Meine Launen.

Meine Abwesenheit
während
meiner Anwesenheit.

Meinen Lebensmut,
meinen Übermut und
meine Mutlosigkeit.

Von *himmelhochjauchzend
zu Tode betrübt* -
im Wechsel der Gezeiten
und ebenso unsicher.

Atonale Streichquartette
und den Torschrei auf den Lippen.
Siege und Niederlagen.

Gedichte,
die keiner liest,
Schriften,
die kein Mensch versteht.

Du musst es ertragen.
Das alles nur für Dich.

24.06.2007 – Meiner Frau gewidmet

Ziel

Sein,
wo man
nicht sein will.

Nicht sein,
wo man gedenkt,
sein zu müssen.

Nicht sein,
wo man gedacht wird,
sein zu haben.

Am Ende sein,
dort,
wo man ist.

Also.

Mach Dich auf den Weg.

22.08.2007

Zoon politikon

Reden...
ist nicht meine Stärke.

Dar-   stellen...
Auch nicht.

Eher...   Fallen   stellen.

Zum Eigenbedarf.

06.10.2007

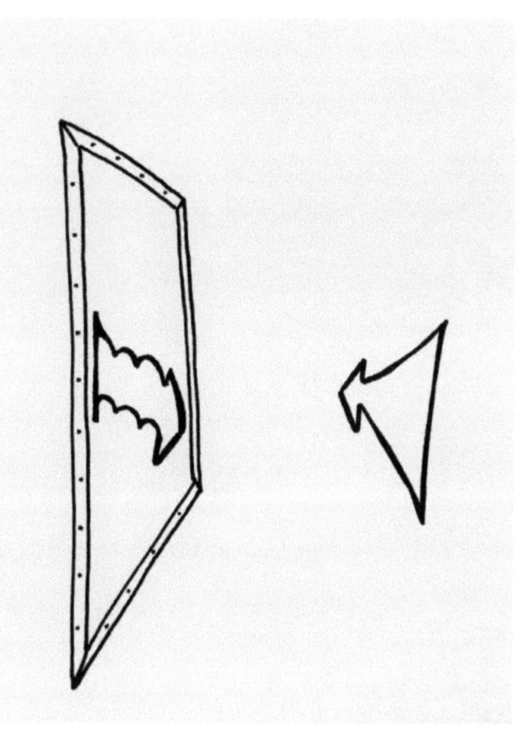